Simone Gutacker

Gutenacker

Simone Gutacker

Gutenacker

auf (Basalt) Fels gebaut

Fromm Verlag

Imprint

Any brand names and product names mentioned in this book are subject to trademark, brand or patent protection and are trademarks or registered trademarks of their respective holders. The use of brand names, product names, common names, trade names, product descriptions etc. even without a particular marking in this work is in no way to be construed to mean that such names may be regarded as unrestricted in respect of trademark and brand protection legislation and could thus be used by anyone.

Cover image: www.ingimage.com

Publisher:
Fromm Verlag
is a trademark of
International Book Market Service Ltd., member of OmniScriptum Publishing Group
17 Meldrum Street, Beau Bassin 71504, Mauritius
Printed at: see last page
ISBN: 978-613-8-36937-0

Inhaltsverzeichnis:

I. **<u>Grußwort:</u>**[1]

Herzlich Willkommen auf der Homepage der Ortsgemeinde Gutenacker

Ich freue mich über Ihren Besuch auf unserer Internetseite.

Sie sind herzlich eingeladen, sich in aller Ruhe unser Dorf anzuschauen.

---

[1] Vgl. http://www.ortsgemeinde-gutenacker.de/index.php?id=2

Gutenacker liegt am Rande des Taunus und grenzt an den Westerwald. Mitten im Naturparks Nassau. Rupbach- und Lahntal laden zu Wanderungen ein.

Das Dorf auf dem Berg, der im Volksmund "Kipp" genannt wird, bietet ein gutes Miteinander, wo man noch Mensch sein kann.

Die Internetseiten bieten Ihnen viel Interessantes und Wissenswertes, damit Sie sich schnell und umfassend informieren können.

Sie finden Informationen über unsere Bauplätze, die Arbeit des Ortsgemeinderates und der Verwaltung.

Wir bemühen uns, die Internetseiten stets zu aktualisieren und zu erweitern. Schauen Sie regelmäßig bei uns rein, es lohnt sich!

Fragen und Anregungen per E-Mail beantworte ich gerne. Aber trotz aller Vorzüge der modernen Kommunikationstechnik ist mir das persönliche Gespräch mit Ihnen sehr wichtig. Deshalb können Sie mich gerne in den Sprechstunden besuchen oder Sie rufen ganz einfach an.

Ich wünsche Ihnen viel Freude bei Ihrem Besuch unseres Dorfes Gutenacker auf der neuen Home Page.

Ihr

Udo Meister

Ortsbürgermeister

II.   <u>Übersicht:</u>[2]

Gutenacker

- Ersterwähnung: um 1197

- Herrschaft 1789: Hessen-Darmstadt

- Zugehörigkeit heute: Rhein-Lahn-Kreis

---

[2] Vgl. https://www.regionalgeschichte.net/rhein-lahn/gutenacker.html

III. <u>Wappen:</u>

1. <u>Das Wappen von Gutenacker:</u>[3]

Die Ortsgemeinde Gutenacker erläutert das Wappen auf ihrer Internetseite wie folgt: „Gutenacker war ein katzenelnbogisches Dorf. Daher die Katzenelnbogener Farben rot und gold. Gutenacker wurde von den Grafen von Katzenelnbogen einem ihrer Gefolgsleute, den Herren von Allendorf, als Lehen gegeben. Dieser wohnte in Gutenacker in einem burgähnlichen Gebäude neben der höchsten Stelle. Deswegen das zinnengeschmückte Haus auf dem Berg. Gutenacker ist um einen Basaltfelsen herum gebaut. Basalt steht in sechseckigen Säulen im Gestein. Daher Sechsecke im Berg." [Anm. 1]

---

[3] Vgl. https://www.regionalgeschichte.net/rhein-lahn/gutenacker/einzelaspekte/wappen-von-gutenacker.html

Anmerkungen:

1. Ortsgemeinde Gutenacker „Über Gutenacker - Wappen" http://www.ortsgemeinde-gutenacker.de/index.php?id=12 (Aufruf 27.03.2020). Zurück

2. Wappenbeschreibung:[4]

Gutenacker war ein katzenelnbogisches Dorf. Daher die Katzenelnbogener Farben rot und gold. Gutenacker wurde von Grafen von Katzenelnbogen einem ihrer Gefolgsleute, den Herren von Allendorf, als Lehen gegeben. Dieser wohnte in Gutenacker in einem burgähnlichen Gebäude neben der höchsten Stelle. Deswegen das zinnlingeschmückte Haus auf dem Berg. Gutenacker ist um einen Basaltfelsen herum gebaut. Basalt steht in sechseckigen Säulen im Gestein. Daher Sechsecke im Berg.

---

[4] Vgl. http://www.ortsgemeinde-gutenacker.de/index.php?id=12

IV.   <u>Geschichte:</u>

1. <u>Geschichte:</u>[5]

Der Ort wurde im Jahr 1197 zum ersten Mal als ein katzenelnbogisches Dorf urkundlich erwähnt. Es wurde von Grafen von Katzenelnbogen einem ihrer Gefolgsleute, den Herren von Allendorf, als Lehen gegeben. Dieser wohnte in Gutenacker in einem burgähnlichen Gebäude neben der höchsten Stelle.

Das Dorf kam mit dem Aussterben der Grafen 1479 an die Landgrafen von Hessen und später das Herzogtum Nassau. Nassau und mit ihm Gutenacker wurde 1866 von Preußen annektiert. Seit 1946 ist Gutenacker Teil des damals neu gegründeten Landes Rheinland-Pfalz.

1973 kam es im Zuge einer Verwaltungsreform zur Bildung der Verbandsgemeinde Katzenelnbogen, der die Ortsgemeinde Gutenacker angehört.

---

[5] Vgl. http://www.ortsgemeinde-gutenacker.de/index.php?id=13

Kriegerdenkmal

Gruß aus Gutenacker

Gruß aus Gutenacker, Unterlahnkreis - Teilansicht

Grüße aus
Gutenacker

Grüße aus Gutenacker

Grüße aus
Gutenacker

2. Geschichte von Gutenacker[6]

Um 1160 wurde das Gebiet des Einrichs, der Landschaft des nordwestlichen Taunus, [Anm. 1] inklusive des Ortes Gutenacker an die Grafen von Nassau und Katzenelnbogen verkauft, die das Gebiet gemeinsam regierten. Der Ort Gutenacker wird erstmals 1197 erwähnt. [Anm. 2]

Circa 100 Jahre später teilten sich die beiden Häuser in jeweils zwei weitere Linien. So wurde der Einrich als „Vierherrengericht auf dem Einrich" von zwei Nassauer und zwei Katzenelnbogener Linien regiert. [Anm. 3] Gutenacker gehörte bis 1270 zusammen mit dem Kirchspiel Kördorf (der heutigen Ortsgemeinde Kördorf) ebenfalls ursprünglich zum „Vierherrischen". [Anm. 4] Um 1550 war Gutenacker das kleinste Dorf im Kirchspiel. Im Jahr 1587 lebten sechs Familien dort. [Anm. 5] Die gemeinsame Regierung und Verwaltung des Einrichs von vier Herren wurde 1775 aufgelöst und ging an Hessen-Darmstadt über. [Anm. 6]

Warum Gutenacker 1270 aus dem „Vierherrischen" Verwaltungsgebiet herausgelöst wurde, und den Herren von Allendorf - Gefolgsleuten der Grafen von Katzenelnbogen - für 250

---

[6] Vgl. https://www.regionalgeschichte.net/rhein-lahn/gutenacker.html

Jahre als Lehen übergegeben wurde, ist unklar. Zu dem Lehen gehörte u.a. neben dem Dorf Gutenacker auch der Wald, das Wasser und das zu Gutenacker gehörige Weidegebiet. Im Jahr 1513 wurde Gutenacker in einem Weistum als Bezirk des Allendorfschen Gerichtes angegeben. [Anm. 7]

Die Herren von Allendorf regierten Gutenacker sehr selbständig und unabhängig von den Grafen von Katzenelnbogen bis zum Jahre 1527, in dem die ältere Allendorfer Linie ausstarb. Im Jahr 1532 ging Gutenacker als Lehen auf Lebenszeit an den Schultheiß Peter Stapel [I1] und gehörte ab dieser Zeit zum Amt Hohenstein. 1554 wurde Gutenacker an den Adeligen Friedrich von Rolshausen als Lehen übertragen und erhielt bis Ende des Jahrhunderts ein adeliges Gericht. Danach war in rechtlichen Angelegenheiten das Amt in Katzenelnbogen für Gutenacker zuständig. [Anm. 8]

Das gesamte „Kirchspiel Katzenelnbogen" inklusive des Ortes Gutenacker kam 1651 zu Hessen-Darmstadt und 1816 zum Herzogtum Nassau. [Anm. 9] 1867 wurde nach der 1866 erfolgten Annexion des Herzogtums Nassau durch Preußen der Unterlahnkreis mit den Ämtern Limburg, Diez, Nastätten und Nassau gebildet. Nach dem Zweiten Weltkrieg wurden die Kreise

Unterlahn und Loreley zum Rhein-Lahn-Kreis verbunden, dem Gutenacker heute angehört[l1] . [Anm. 10]

Seit 1972 gehört Gutenacker zur Verbandsgemeinde Katzenelnbogen, die Im Rahmen einer großen Verwaltungsreform gebildet wurde. Die Verbandsgemeinde Katzenelnbogen – und mit ihr auch Gutenacker - ging 2019 in die dann in die Verbandsgemeinde Aar-Einrich über, die aus dem freiwilligen Zusammenschluss der Verbandsgemeinden Hahnstätten und Katzenelnbogen gebildet wurde.

NACHWEISE

Verwendete Literatur:

- Herold, Rudolf: Katzenelnbogen und der Einrich. Katzenelnbogen 1974.
- Herold, Rudolf: Streifzüge durch die Vergangenheit. Beiträge zur Geschichte der Gemeinden im Katzenelnbogener Raum. Katzenelnbogen 1985.

Anmerkungen:

1. Von den verschiedenen Deutungsmöglichkeiten des Begriffs „Einrich" (z.B. auch „Heinrichsgau") hat sich in der Forschung die Bedeutung „ein Reich" im Sinne von einem einheitlichen Gebietsteil durchgesetzt, siehe: Herold 1974, S. 11. Zurück

2. Herold 1985, S. 101. Zurück

3. Herold 1985, S. 97. Zurück

4. Herold 1985, S. 98. Zurück

5. Herold 1985, S. 101. Zurück

6. Herold 1985, S. 98. Zurück

7. Herold 1985, S. 98. Zurück

8. Herold 1985, S. 99. Zurück

9. Herold 1985, S. 100. Zurück

10. Herold 1985, S. 101. Zurück

V. **Kulturdenkmäler:**[7]

In der Liste der Kulturdenkmäler in Gutenacker sind alle Kulturdenkmäler der rheinland-pfälzischen Ortsgemeinde Gutenacker aufgeführt. Grundlage ist die Denkmalliste des Landes Rheinland-Pfalz (Stand: 19. Oktober 2009).

Einzeldenkmäler

- Ringstraße 2: Fachwerkhaus, teilweise verkleidet, 18. Jahrhundert

Gemarkung

- nordöstlich der Ortslage am Rupbach: Bahnwärterhaus; spätklassizistischer Typenbau, um 1860
- nordwestlich der Ortslage: Laurenburger Tunnel; Bruchsteinportale, Zinnenabschluss
- nordwestlich der Ortslage beim Laurenburger Tunnel: Bahnwärterhaus; zweieinhalbgeschossiger spätklassizistischer Typenbau, Nebengebäude, um 1860
- Rupbachtalstraße 1: Bahnhof Laurenburg; Empfangsgebäude der Lahnbahn; spätklassizistischer Typenbau, 1862

---

[7] Vgl. http://www.ortsgemeinde-gutenacker.de/index.php?id=14

VI.   <u>Sehenswürdigkeiten</u>[8]

Der sogenannte Kipp "ein Basaltfelsen mitten im Dorf" war früher ein Basaltsteinbruch. Dort stand ein Brecher mit dem der Basalt gemahlen wurde, er wurde anschließend mit einer Seilbahn in die Rupbach transportiert und von dort mit der Eisenbahn zu den Kunden gebracht.

---

[8] Vgl. http://www.ortsgemeinde-gutenacker.de/index.php?id=15

Bundesland:	Rheinland-Pfalz
Landkreis:	Rhein-Lahn-Kreis
Verbandsgemeinde:	Aar-Einrich
Höhe:	286 m ü. NN
Fläche:	3,83 km²
Einwohner:	354 (31. Dezember 2016) (1)
Bevölkerungsdichte:	92 Einwohner je km²
Postleitzahl:	56370
Vorwahl:	06439
Kfz-Kennzeichen:	EMS
Gemeindeschlüssel:	07 1 41 050
Adresse der Verbandsverwaltung:	Burgstraße 1 56368 Katzenelnbogen
Ortsbürgermeister:	Udo Meister

---

[9] Vgl. http://www.ortsgemeinde-gutenacker.de/index.php?id=16

Quellen:

1) Statistisches Landesamt Rheinland-Pfalz

weitere   Angaben)

https://de.wikipedia.org/wiki/Gutenacker

VIII. <u>Daten:</u>

1. <u>Gutenacker:</u>[10]

Wappen	**Deutschlandkarte**
	Koordinaten: <u>50° 19′ N, 7° 55′ O</u>	

Basisdaten

<u>Bundesland:</u>	<u>Rheinland-Pfalz</u>
<u>Landkreis:</u>	<u>Rhein-Lahn-Kreis</u>
<u>Verbandsgemeinde:</u>	<u>Aar-Einrich</u>
<u>Höhe:</u>	286 m ü. <u>NHN</u>

---

[10] Vgl. <u>https://de.wikipedia.org/wiki/Gutenacker</u>

Fläche:	3,83 km^2
Einwohner:	345 *(31. Dez. 2019)*[1]
Bevölkerungsdichte:	90 Einwohner je km^2
Postleitzahl:	56370
Vorwahl:	06439
Kfz-Kennzeichen:	EMS, DIZ, GOH
Gemeindeschlüssel:	07 1 41 050
Adresse Verbandsverwaltung:	der Burgstraße 1 56368 Katzenelnbogen
Website:	www.ortsgemeinde-gutenacker.de
Ortsbürgermeister:	Udo Meister

Lage der Ortsgemeinde Gutenacker im Rhein-Lahn-Kreis

Gutenacker ist eine <u>Ortsgemeinde</u> im <u>Rhein-Lahn-Kreis</u> in <u>Rheinland-Pfalz</u>. Sie gehört der <u>Verbandsgemeinde Aar-Einrich</u> an. Das Dorf Gutenacker ist um einen Basaltfelsen herum gebaut.

Gutenacker liegt im westlichen Hintertaunus auf dem Einrich dem etwas niedrigeren Nordwestteil des Taunus, im Naturpark Nassau etwa acht Kilometer östlich der Stadt Nassau. Im Norden und im Westen bildet die Lahn die Gemeindegrenze.

Zu Gutenacker gehören auch die Wohnplätze Bahnhof Laurenburg (Lahntalbahn), Bahnhaus, Häuserhof, Justus-Mühle, Lindenhof und Rupbach (Teil).[2]

Geschichte

Der Ort wurde im Jahr 1197 zum ersten Mal als ein katzenelnbogisches Dorf urkundlich erwähnt. Es wurde von <u>Grafen von Katzenelnbogen</u> einem ihrer Gefolgsleute, den Herren von Allendorf, als Lehen gegeben. Dieser wohnte in Gutenacker in einem burgähnlichen Gebäude neben der höchsten Stelle. Das Dorf kam mit dem Aussterben der Grafen 1479 an die Landgrafen von Hessen und später das <u>Herzogtum Nassau</u>. Nassau, und mit ihm Gutenacker, wurde 1866 von <u>Preußen</u> annektiert. Seit 1946 ist Gutenacker Teil des damals neu gebildeten Landes <u>Rheinland-Pfalz</u>. 1972 kam es im Zuge der rheinland-pfälzischen „Funktional- und Gebietsreform" zur Bildung der Verbandsgemeinde Katzenelnbogen, der die Ortsgemeinde Gutenacker bis 2019 angehörte und die dann in der Verbandsgemeinde Aar-Einrich aufging.

Bevölkerungsentwicklung

Die Entwicklung der Einwohnerzahl von Gutenacker, die Werte von 1871 bis 1987 beruhen auf Volkszählungen:[3]

Jahr	Einwohner	Jahr	Einwohner
1815	180	1970	359
1835	254	1987	335
1871	339	1997	381
1905	324	2005	387
1939	333	2011	371
1950	378	2017	359
1961	366	2019	345[1]

Gemeinderat

Der Gemeinderat in Gutenacker besteht aus acht Ratsmitgliedern, die bei der Kommunalwahl am 26. Mai 2019 in einer personalisierten Verhältniswahl gewählt wurden, und dem ehrenamtlichen Ortsbürgermeister als Vorsitzendem. Die acht Sitze verteilen sich auf zwei Wählergruppen.[4]

Bürgermeister

Ortsbürgermeister von Gutenacker ist Udo Meister. Bei der Direktwahl am 26. Mai 2019 wurde er mit einem Stimmenanteil von 80,53 % wiedergewählt.[5]

Sehenswürdigkeiten

Der sogenannte Kipp – ein Basaltfelsen mitten im Dorf – war früher ein Basaltsteinbruch. Dort stand ein Brecher mit dem der Basalt gemahlen wurde, er wurde anschließend mit einer Seilbahn in die Rupbach transportiert und von dort mit der Eisenbahn zu den Kunden gebracht.

Siehe auch:

- Liste der Kulturdenkmäler in Gutenacker

- Liste der Naturdenkmale in Gutenacker

Weblinks

Commons: Gutenacker – Sammlung von Bildern

- Ortsgemeinde Gutenacker

- Ortsgemeinde Gutenacker auf den Seiten der Verbandsgemeinde Aar-Einrich

Einzelnachweise

1. ↑ *Hochspringen nach:a b* Statistisches Landesamt Rheinland-Pfalz – Bevölkerungsstand 2019, Kreise, Gemeinden, Verbandsgemeinden (Hilfe dazu).

2. ↑ Statistisches Landesamt Rheinland-Pfalz (Hrsg.): *Amtliches Verzeichnis der Gemeinden und Gemeindeteile.* Stand: Januar 2019[Version 2020 liegt vor.]. S. 65 (PDF; 3 MB).

3. ↑ Statistisches Landesamt Rheinland-Pfalz: *Mein Dorf, meine Stadt.* Abgerufen am 23. Dezember 2019.

4. ↑ Der Landeswahlleiter Rheinland-Pfalz: *Kommunalwahl 2019, Stadt- und Gemeinderatswahlen.*

5. ↑ Der Landeswahlleiter Rheinland-Pfalz: *Direktwahlen 2019.* Abgerufen am 21. November 2019 (siehe Aar-Einrich, Verbandsgemeinde, 13. Ergebniszeile).

Städte und Gemeinden im <u>Rhein-Lahn-Kreis</u>

Allendorf | Altendiez | Arzbach | Attenhausen | Auel | Aull | Bad Ems | Balduinstein | Becheln | Berg | Berghausen | Berndroth | Bettendorf | Biebrich | Birlenbach | Bogel | Bornich | Braubach | Bremberg | Buch | Burgschwalbach | Charlottenberg | Cramberg | Dachsenhausen | Dahlheim | Dausenau | Dessighofen | Dienethal | Diethardt | Diez | Dörnberg | Dornholzhausen | Dörscheid | Dörsdorf | Ebertshausen | Ehr | Eisighofen | Endlichhofen | Eppenrod | Ergeshausen | Eschbach | Fachbach | Filsen | Flacht | Frücht | Geilnau | Geisig | Gemmerich | Gückingen | Gutenacker | Hahnstätten | Hainau | Hambach | Heistenbach | Herold | Himmighofen | Hirschberg | Holzappel | Holzhausen an der Haide | Holzheim | Hömberg | Horhausen | Hunzel | Isselbach | Kaltenholzhausen | Kamp-Bornhofen | Kasdorf | Katzenelnbogen | Kaub | Kehlbach | Kemmenau | Kestert | Klingelbach | Kördorf | Lahnstein | Langenscheid | Laurenburg | Lautert | Lierschied | Lipporn | Lohrheim | Lollschied | Lykershausen | Marienfels | Miehlen | Miellen | Misselberg | Mittelfischbach | Mudershausen | Nassau | Nastätten | Netzbach | Niederbachheim | Niederneisen | Niedertiefenbach | Niederwallmenach | Nievern |

Nochern | Oberbachheim | Oberfischbach | Oberneisen | Obernhof | Obertiefenbach | Oberwallmenach | Oberwies | Oelsberg | Osterspai | Patersberg | Pohl | Prath | Reckenroth | Reichenberg | Reitzenhain | Rettershain | Rettert | Roth | Ruppertshofen | Sankt Goarshausen | Sauerthal | Scheidt | Schiesheim | Schönborn | Schweighausen | Seelbach | Singhofen | Steinsberg | Strüth | Sulzbach | Wasenbach | Weidenbach | Weinähr | Weisel | Welterod | Weyer | Winden | Winterwerb | Zimmerschied

2. Category:Gutenacker:[11]

Gutenacker ausblenden

Ortsgemeinde im Rhein-Lahn-Kreis in Rheinland-Pfalz

Medium hochladen

Wikipedia

Ist ein(e)	Gemeinde in Deutschland
Ort	Verbandsgemeinde Katzenelnbogen, Rhein-Lahn-Kreis, Deutschland
Einwohnerzahl	351 (2019)
Fläche	3,83 km² (2017)
Höhe über dem Meeresspiegel	278 m

offizielle Website

---

[11] Vgl. https://commons.wikimedia.org/wiki/Category:Gutenacker?uselang=de

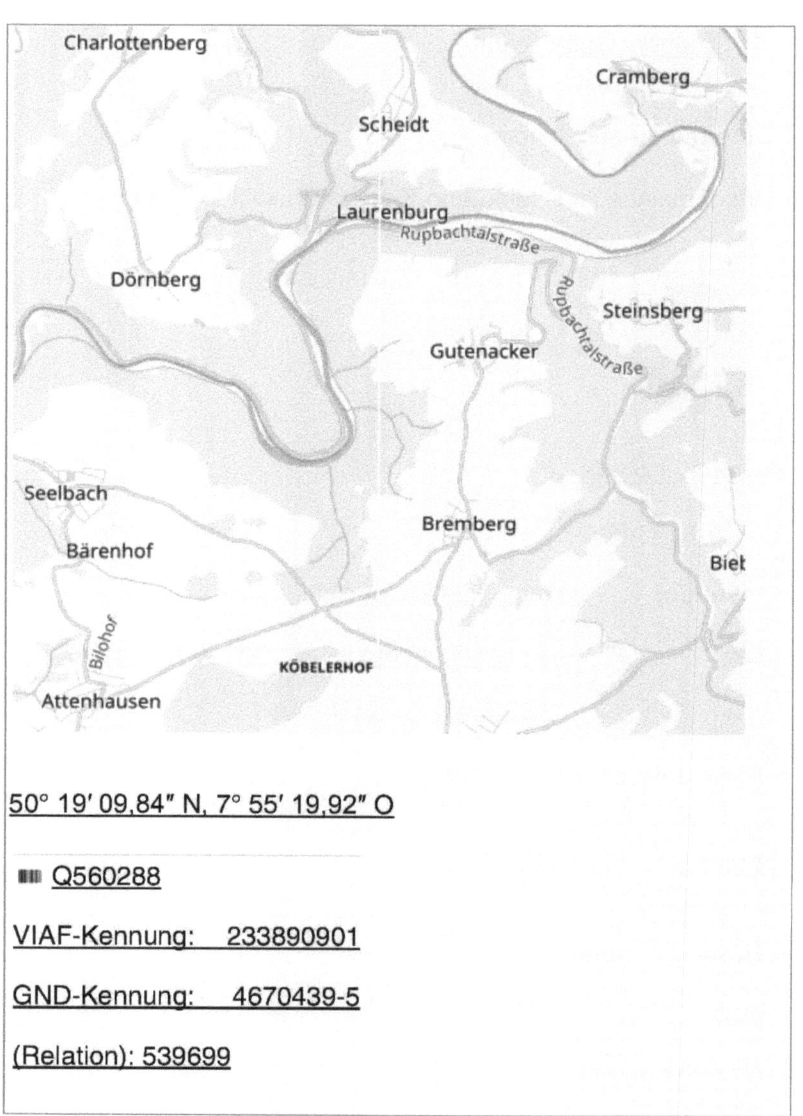

50° 19′ 09,84″ N, 7° 55′ 19,92″ O

Q560288

VIAF-Kennung: 233890901

GND-Kennung: 4670439-5

(Relation): 539699

Unterkategorien

Diese Kategorie enthält folgende Unterkategorie:
In Klammern die Anzahl der enthaltenen Kategorien (K), Seiten (S),
Dateien (D)

- ▷ <u>Cultural heritage monuments in Gutenacker</u> (1 D)

IX.   <u>Medien:</u>[12]

Folgende 9 Dateien sind in dieser Kategorie, von 9 insgesamt.

<u>Grube im Rupbachtal - panoramio (1).jpg</u>4.000 × 3.000; 1.012 KB

---

[12] Vgl. https://commons.wikimedia.org/wiki/Category:Gutenacker?uselang=de

Grube im Rupbachtal - panoramio (2).jpg4.000 × 3.000; 3,1 MB

Grube im Rupbachtal - panoramio.jpg4.000 × 3.000; 1,06 MB

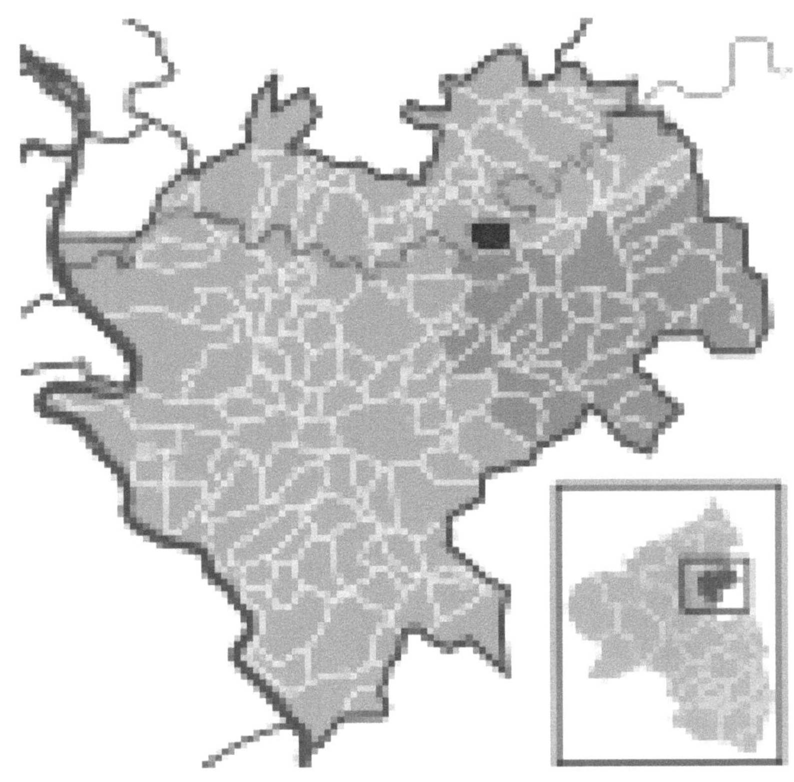

<u>Gutenacker in EMS.svg</u>258 × 258; 231 KB

Rupbach - panoramio (1).jpg4.000 × 3.000; 1,4 MB

Rupbach - panoramio (2).jpg1.600 × 1.200; 298 KB

<u>Rupbach - panoramio (3).jpg</u>4.000 × 3.000; 2,84 MB

<u>Rupbach - panoramio.jpg</u>4.000 × 3.000; 1,08 MB

Wappen Gutenacker.png164 × 186; 24 KB

Kategorien:

- Municipalities in Rhineland-Palatinate
- Rhein-Lahn-Kreis

X. Impressionen:[13]

---

[13] Vgl. http://www.ortsgemeinde-gutenacker.de/index.php?id=17

XI. <u>Einrichtungen:</u>[14]

Ortsgemeinde Gutenacker Bürgermeister

Der Ortsbürgermeister ist der Ansprechpartner bei allen Angelegenheiten, die die Gemeinde betreffen.

Sie erreichen die Ortsgemeinde Gutenacker:

Ortsbürgermeister **Udo** **Meister**

Ringstr. 37

56370 Gutenacker

Tel.: 06439/7994 Mobil: 0170 1166401

Fax: 06439/901685

E-Mail: <u>udo-meister@gmx.de</u>

<u>ortsgemeinde-gutenacker@gmx.de</u>

Die Verbandsgemeinde Aar-Einrich

Die Verbandsgemeinde hat wi[e] grob strukturiert folgenden Aufgaben:

- Wahrnehmung der uns übertragenen staatlichen Aufgaben, wie Standesamt, Ordnungsbehörde, Überwachung des ruhenden Verkehrs.

- "Schreibstube" der Ortsgemeinden, d.h. rechtliche Vertretung und Wahrnehmung der Interessen der Ortsgemeinden in deren Auftrag und in deren Namen.

- Eigene Aufgaben der Verbandsgemeinde sind: Wasserversorgung, Abwasserbeseitigung, Träger der Grundschule, Brand- und Katastrophenschutz, Flächennutzungsplanung, Zentrale Sportanlagen (Rasensportanlage, Sporthalle, Freibad).

- Eine weitere Gruppe stellen die übernommenen Aufgaben dar. Von den Ortsgemeinden übernommen haben wir die Aufgaben für den Bau, Unterhaltung und Betrieb der Kindergärten.

Verbandsgemeinde   Aar-Einrich

Burgstraße   1

56368   Katzenelnbogen

Telefon:06486/9179-0

eMail   : post@vg-aar-einrich.de

Internet : www.vg-aar-einrich.de

Rhein-Lahn-Kreis

Die Kreisverwaltung in Bad Ems ist die nächst höhere Verwaltungsbehörde. Neben den Auftragsangelegenheiten der Landes- und Bundesebene, nimmt sie vielfältige Verwaltungsaufgaben der Kreisebene wahr. Dazu gehören die Abfallentsorgung, Jugendhilfe, Gesundheitswesen, Verkehrswesen aber auch Schulwesen incl. Schülerbeförderung und Wirtschaftsförderung. Sie erreichen das Bürgerbüro in Bad Ems

Kreisverwaltung Rhein-Lahn

Insel Silberau

56130 Bad Ems

Telefon : 02603/972-177 Telefax : 02603/972-107

eMail :info@rhein-lahn-info.de

Internet :www.rhein-lahn-info.de

XII. <u>Grundstücke:</u> [15]

"In der Neuwies"

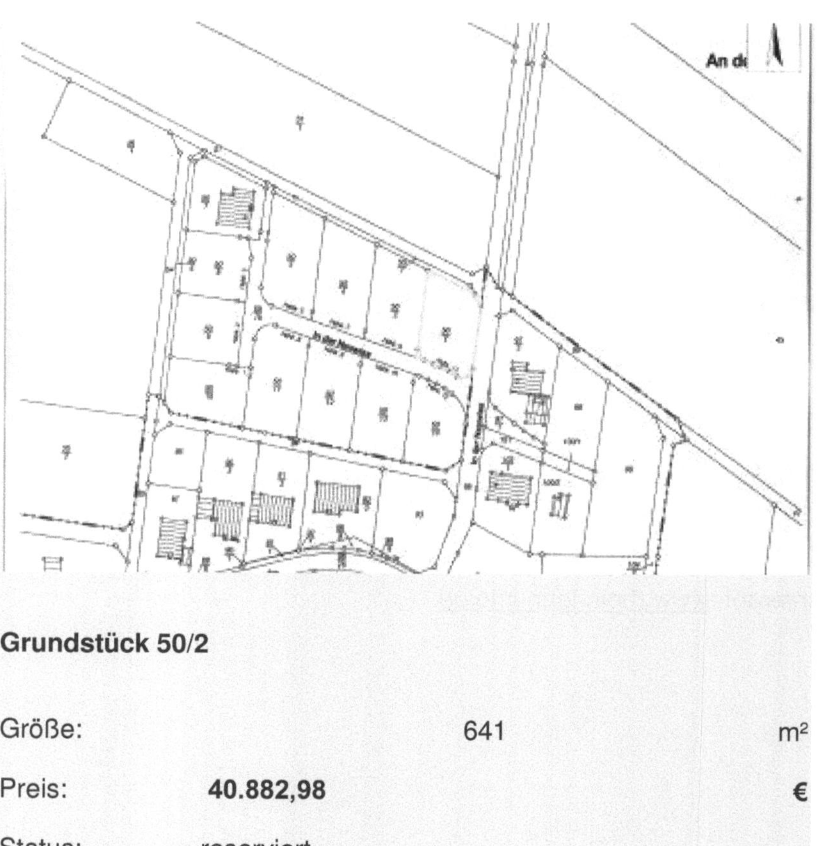

Grundstück 50/2

Größe: 641   m²

Preis: **40.882,98**   €

Status: reserviert

- Für dieses Grundstück wurde eine Kaufoption vergeben.

---

[15] Vgl. https://www.vg-aar-einrich.de/rathaus-vg/bauen-wohnen/bauplaetze/gutenacker/

Grundstück 50/3

Größe:	656	m²
Preis:	**41.839,68**	€
Status:	reserviert	

- Für dieses Grundstück wurde eine Kaufoption vergeben.

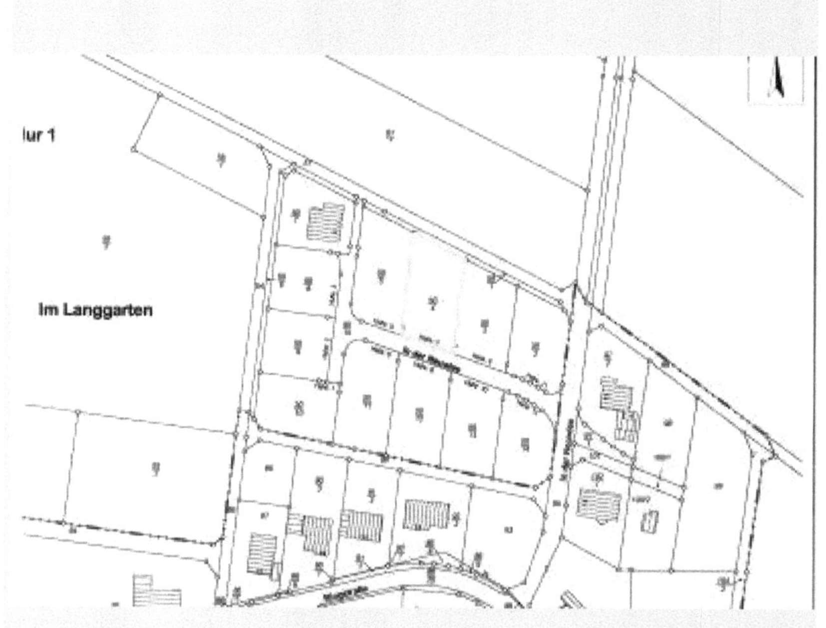

Grundstück 50/4

Größe: 712 m²

Preis: **45.411,36** €

Status: reserviert

- Für dieses Grundstück wurde schon eine Kaufoption vergeben.

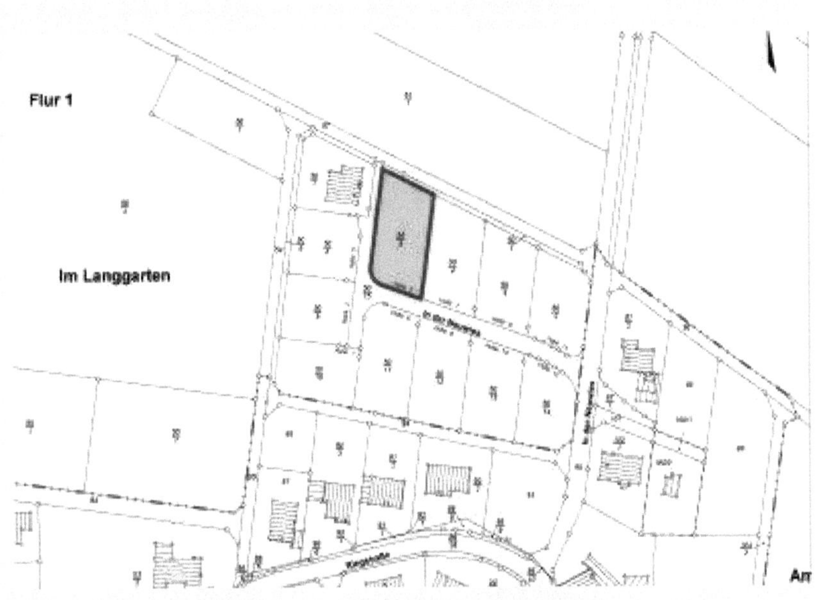

Grundstück 50/5

Größe:	762	m²
Preis:	**48.600,36**	€
Status:	verfügbar	

Grundstück 50/8

Größe: 565 m²

Preis: **36.035,70** €

Status: verfügbar

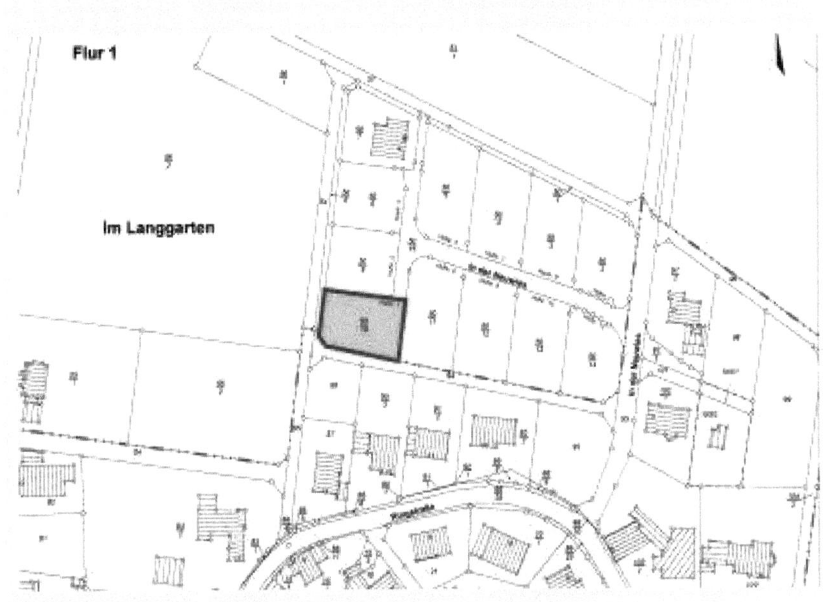

Grundstück 50/10

Größe:	605	m²
Preis:	**38.586,90**	€
Status:	verfügbar	

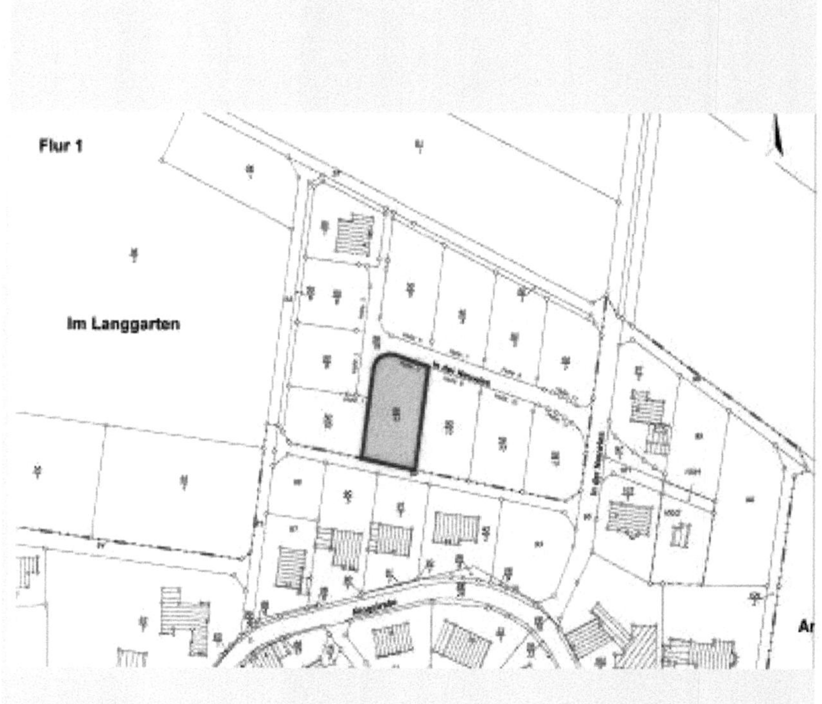

Grundstück 50/11

Größe: 749 m²

Preis: **47.771,22** €

Status: verfügbar

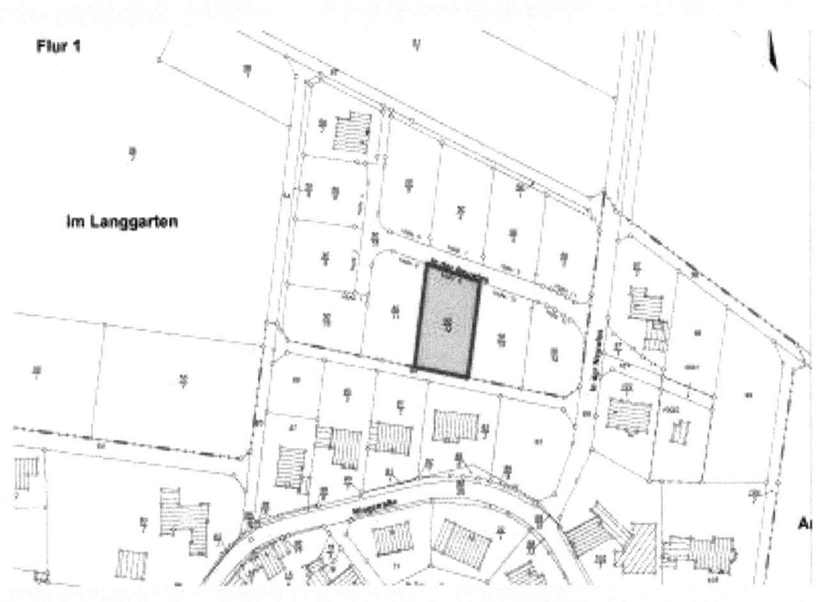

Grundstück 50/12

Größe: 708 m²

Preis: **45.156,24** €

Status: verfügbar

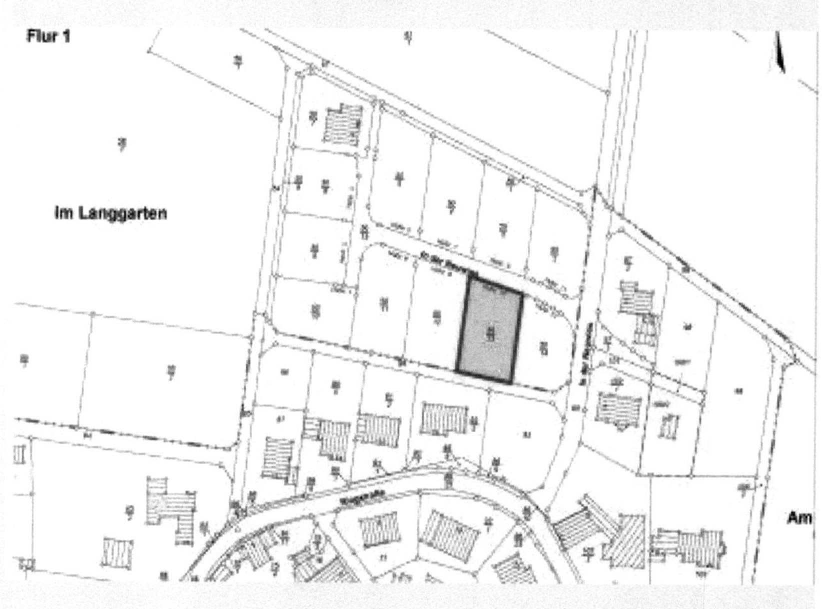

Grundstück 50/13

Größe: 655 m²

Preis: **41.775,90** €

Status: verfügbar

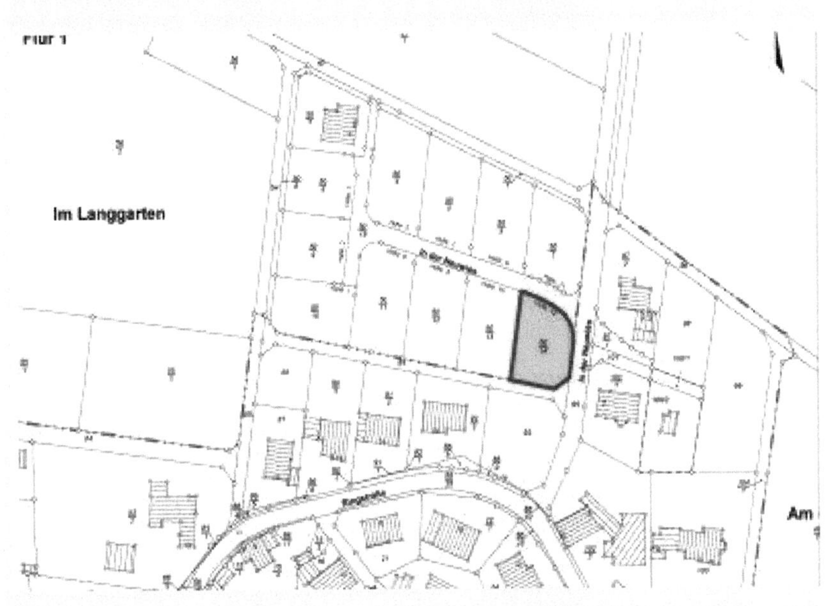

Grundstück 50/14

Größe: 586   m²

Preis: **37.375,08**   €

Status: verfügbar

Gerne tragen wir für Sie eine **Kaufoption** für längstens 3 Monate **kostenlos** ein und übersenden Ihnen auf Wunsch ein entsprechendes Kaufangebot.

Bei Erarbeitung eines personalisierten **Vertragsentwurfs** fallen Kosten in Höhe von **300,00 €** gegen Vorkasse an, die beim Erwerb mit dem Kaufpreis verrechnet werden.

Printed by Books on Demand GmbH, Norderstedt / Germany